Marketing. Preismanagement, strategische Analysemethoden, Corporate Identity, Digitalisierung und integrierte Kommunikation sowie Marktfeldstrategien

Vanessa Kolb

Bibliografische Information der Deutschen Nationalbibliothek:

Die Deutsche Nationalbibliothek verzeichnet diese Publikation in der Deutschen Nationalbibliografie; detaillierte bibliografische Daten sind im Internet über http://dnb.d-nb.de abrufbar.

ISBN: 9783346565013
Dieses Buch ist auch als E-Book erhältlich.

Druck und Bindung: Books on Demand GmbH, Norderstedt Germany
Gedruckt auf säurefreiem Papier aus verantwortungsvollen Quellen

Das vorliegende Werk wurde sorgfältig erarbeitet. Dennoch übernehmen Autoren und Verlag für die Richtigkeit von Angaben, Hinweisen, Links und Ratschlägen sowie eventuelle Druckfehler keine Haftung.

Das Buch bei GRIN: https://www.grin.com/document/1158269

Deutsche Hochschule für

Prävention und Gesundheitsmanagement

Einsendeaufgabe

Fachmodul:	Marketing II
Studiengang:	BFÖ
Datum Präsenzphase:	06.01.-09.01.2020
Name, Vorname:	Kolb, Vanessa
Studienort:	**Düsseldorf**
Semester:	**WS 2017**

Inhaltsverzeichnis

1 Preismanagement und Kooperationen

1.1 Kostenorientierte Preisbildung

Formel $\quad Kosten\,pro\,Mitglied = k_v + \dfrac{K_f}{Anzahl\,der\,Mitgliede}$

$k_v \quad$ variable Kosten

$K_f \quad$ Fixkosten

$Kosten\,pro\,Mitglied = 14{,}50€ + \dfrac{850.000/12}{2.400} = 44{,}01€$

Mitgliedsbeitrag = Kosten pro Mitglied + Gewinnzuschlag

Netto $\qquad$ 44,01€+15%= 50,62€

Brutto $\qquad$ 50,62€*19%= 60,24€

Der Mitgliedsbeitrag pro Monat beträgt 60,24€ brutto.

1.2 Konkurrenzorientierte Preisbildung

Die konkurrenzorientierte Preisbildung geht dem Ansatz nach, dass sich der eigene Preis für einen Mitgliedsbeitrag an dem eines am Markt etablierten Unternehmens orientiert. Dieser Strategie liegt zugrunde, dass das rivalisierende Unternehmen mit dem ihrerseits kalkulierten Preis wirtschaftlich arbeitet und seine Position am Markt etabliert hat.

Die verschiedenen Ausgaben der Unternehmen, also der rivalisierenden Betriebe, wie zum Beispiel Einkauf und einzelne Aufwendungen werden nicht inkludiert, was ein großer Nachteil ist. Die Kostenstruktur lässt sich also nicht auf das eigene Unternehmen spiegeln.

Dahingehend wird das eigene Preiskonzept begutachtet. Von diesem wird erschlossen, dass eine Senkung des Mitgliedsbeitrags, auf den gleichen wie der des konkurrierenden Unternehmens, nicht ratsam wäre, da erst ab einem monatlichen Beitrag pro Mitglied ab 44,01€ kostendeckend im eigenen Betrieb gearbeitet wird. Unter diesem Wert würden Verluste provoziert werden und der langfristige Gewinn würde ausbleiben oder nicht erfolgen.

Darüber hinaus wird eine Preissenkung immer mit einer Verminderung der bestehenden Qualität assoziiert.

Stattdessen wird der bestehende Mitgliedsbeitrag beibehalten und das aktuelle Konzept überarbeitet und verbessert, um sich positiv vom Konkurrenten abzuheben. Bei der Preisbildung sollte man sich demnach nicht an die Konkurrenz orientieren, um eine Minimierung des Gewinns nicht zu riskieren.

1.3 Psychologische Auswirkungen des Preises/Preisdifferenzierung

Der Vorschlag des befreundeten Beraters ist plausibel und wird zu einer Kondition von 39,99€ pro Monat für Senioren und Schüler über eine Dauer von drei Monaten mit der Option zur Verlängerung auf vier, wenn die Aktion positiv angenommen wird, eingeführt.

Dieser Beitrag liegt nur gering unter dem errechneten Beitrag nach der kostenorientierten Preisbildung und rentiert sich bei einer Vielzahl an Neukunden der vorliegenden Zielgruppe, welche einkommensschwacher ist als die primär angesteuerte Zielgruppe von potentiellen Mitgliedern mittleren Alters.

Ebenso ist der Preis immer noch hoch genug angesiedelt, dass nach der psychologischen Wirkung auf hohe Qualität geschlossen wird.

Andere Formen der Preisdifferenzierung sind die personelle, räumliche und zeitliche Preisdifferenzierung.

Für unser Unternehmen wäre in diesem Fall die zeitliche Preisdifferenzierung sinnvoll.

In den kalten Monaten wird der Preis angehoben und in den warmen Monaten des Jahres gesenkt und mit attraktiven Aktionen geworben, um eine dauerhaft hohe Auslastung der Fitness-Anlagen zu gewährleisten.

1.4 Preiselastizität der Nachfrage

Formel

$$\varepsilon = \frac{\text{Änderung der Menge in \%}}{\text{Änderung des Preises in \%}} = \frac{9,1\%}{10,89\%} = 0,84$$

>1	elastisch
<1	unelastisch
=1	isoelastisch

Da 0,84<1 erkennt man, dass eine unelastische Nachfrage vorliegt.

Demnach ist es ratsam auch bei einem Verlust von einigen Mitgliedern den monatlichen Beitrag von 54,99€ auf 60,99€ anzupassen, denn der Gewinn des Unternehmens erhöht sich dadurch langfristig.

Die Preisveränderung wird zunächst nicht wahrgenommen und Konkurrenten im Segment der höherpreisigen Fitness-Anlagen gibt es wenige bis keine im vorliegenden Marktgebiet.

Ebenso lässt sich auch hier der psychologische Faktor wiedererkennen, denn ein höherer Preis wird mit sehr guter Qualität des Angebotes gleichgestellt.

2   Strategische Analysemethoden

2.1   Five-Forces-Modell

Das Five-Forces-Modell nach Porter stellt fünf Wettbewerbskräfte dar. Diese sind die bereits auf dem Markt etablierten Mitbewerber, potentielle neue Mitbewerber für die Branche, die Verhandlungsstärke der Zulieferer sowie die der Kunden und die Bedrohung durch Ersatzprodukte. (Vgl.: Schawel C., Billing F. (2012). S. 108.)

Die vorhandenen Mitbewerber sind im Bereich des Fitness-App-Marktes stark mit einem großflächigen Angebot vorhanden. Viele der existierenden Apps sind zudem nicht mit Kosten verbunden und man ist nicht überall, wie bei „Freeletics", auf kostenpflichtige Handlungen angewiesen.

Dasselbe gilt für neue potentielle Mitbewerber, denn der Eintritt in dieses Segment ist nahezu barrierefrei und sehr attraktiv durch die aktuell herrschende enorme Nachfrage im Fitnesstrend.

Beim Aspekt der Zulieferer bestehen kaum Möglichkeiten zu möglichen Komplikationen, denn zur Entwicklung einer App wird wenig Zubehör benötigt und die relevante Hardware ist leicht zu erwerben.

Des Weiteren drohen jedoch auf Seiten der Konsumenten ausbleibende Verkäufe, sollten sich diese für andere Fitness-Apps oder alternative Angebote zum Sport, wie in Vereinen oder Fitness-Anlagen, welche zudem als Bedrohung durch Ersatzprodukte stehen, entscheiden.

2.2 Durchführung einer SWOT-Analyse

Tabelle 1: SWOT-Analyse

Stärken	Schwächen	Chancen	Risiken
- Umfassende Betreuung in mehreren Bereichen - nicht an Orte oder Zeiten gebundenes Training - Zeitersparnis durch z.B. entfallende Wegstrecken	- die Technik muss einwandfrei funktionieren - kaum Betreuungssystem - keine Kooperationspartner	- zunehmender Zeitmangel in der Gesellschaft - anhaltende Digitalisierung - Trend zur Gesundheits- und Fitnessbranche	- eigenständiges Training - fortlaufend neue potentielle Mitbewerber - Gefahr von falschen Ausführungen und somit Verletzungen

Zu den Stärken von „Freeletics" zählt ihr umfassendes Angebot. Die Kunden können sich individuelle Ziele für ihr Training wählen und sind nicht örtlich oder zeitlich an vorgegebene Termine gebunden. Dadurch können sie viel Zeit einsparen.

Dies führt allerdings auch zu den Schwächen von „Freeletics". Beim individuellen Training sind die Nutzer kaum bis gar nicht in einem umfassenden Betreuungssystem des Unternehmens integriert. Außerdem muss die Technik der Fitness-App immer einwandfrei funktionieren, um ein Training ausführen zu können. Ebenso verfügt das Unternehmen über keinerlei Kooperationspartner.

Der heutige Trend zur Gesundheits- und Fitnessbranche stellt sich jedoch als optimale Chance für die App dar. Zudem begünstigen die Schnelllebigkeit und der zunehmende Zeitmangel in der Gesellschaft die Nachfrage und die fortschreitende Digitalisierung erleichtert eine Deckung dessen.

Risiken hingegen drohen durch das eigenständige Training also somit die Gefahr von falschen Bewegungsabläufen und somit eventuellen Verletzungen. Ebenso wie die fortlaufend neu hinzukommenden potentiellen Mitbewerbern.

2.3 Erstellung einer SWOT-Matrix

Tabelle 2: SWOT-Matrix

	Chancen	Risiken
Stärken	S-O-Strategien: - massive Zeitersparnis - demografischer Wandel - Digitalisierung	S-T-Strategien: - Unabhängigkeit zu einem Ort - Add on Betreuung
Schwächen	W-O-Strategien: - Kooperationen eingehen, großflächigere Werbemittel - Zielgruppenerweiterung	W-T-Strategien: - Betreuungssystem ausbauen - Angebot auf weitere Zielgruppen erweitern

Aus der SWOT-Matrix lassen sich nun verschiedene Strategien mit je einem eigenständigen Ziel implementieren.

Die S-O-Strategien dienen dazu, dass die geforderten Eigenschaften des zugrunde liegenden Marktes von den Aspekten des Unternehmens gedeckt werden. Dem Fitness-App-Markt kommen der demografische Wandel und die Digitalisierung zugute, denn nahezu jeder hat heutzutage ein Smartphone, welches den Zugang zum Angebot der Apps immer ermöglicht.

Des Weiteren wird eine große Zielgruppe mit einem enormen Zeitmangel angesprochen, denn die Apps bieten eine enorme Zeitersparnis.

Bei den W-O-Strategien steht die Chancennutzung durch Abbau der Schwächen im Vordergrund. Das erfolgt durch erschließen von Kooperationen, um Rivalitäten sowohl mit anderen Mitbewerbern als auch mit Ersatzprodukten, wie anderen Fitness-Anlagen, zu umgehen. Dadurch erweitert sich der Bereich zum Werben und auch die Zielgruppen vermehren sich und werden großflächiger angesprochen.

Um Bedrohungen zu vermeiden, sollen mit S-T-Strategien Stärken effektiv ausgespielt werden. Somit soll ausdrücklich der Aspekt der Unabhängigkeit zu einem Ort wie einer Fitness-Anlage hinterlegt werden und gleichzeitig eine Add on Funktion zu einem differenzierten Betreuungssystem eingefügt werden, um drohende Risiken zu vermeiden.

Der letzte Teil, die W-T-Strategien, dienen der Vorbeugung von Angriffen auf vorliegende Schwächen von der Fitness-App „Freeletics".

Hierzu soll das Betreuungssystem der App ausgebaut werden durch zum Beispiel detaillierte Trainingsvideos. Außerdem sollen auch Neukunden außerhalb der primären Zielgruppe durch extern organisierte Treffen durch die Option darauf mit eingebunden werden, um das Angebot für diese, die nicht so technikaffin sind, zu erweitern.

2.4 BCG-Portfolio und Produktlebenszyklus

Fitness-Apps lassen sich nach dem BCG-Portfolio analysieren. Das Portfolio stellt „strategische Geschäftseinheiten eines Unternehmens anhand der zwei Dimensionen Marktwachstumsrate (Marktattraktivität) und relativer Marktanteil (Wettbewerbsstärke)" (Schawel C., Billing F. (2012). S. 32.) dar. „Freeletics" liegt hier im Bereich der Stars durch einen hohen Anteil an der Marktwachstumsrate und einen eher gering ausfallenden relativen Marktanteil.

Der Produktlebenszyklus der App hat bislang die Phasen Entwicklung, Einführung und Wachstum durchlaufen und befindet sich aktuell in der Phase der Reifung.

Es liegen insofern Unterschiede zu dem idealtypischen Produktlebenszyklus vor, dass sich die Fitness-Apps gemeinsam durch und mit den Fortschritten der generellen Digitalisierung weiterentwickeln. Dieser Prozess nimmt aktuell immer weiter an Umfang zu.

Sollte der Markt der Fitness-Apps weiter so rasant zunehmen, ist alsbald die Phase der Sättigung erreicht und die Apps, welche sich nicht etablieren konnten, werden in den Rückgang vom Markt verdrängt.

Abbildung 1: BCG-Portfolio

	High	Low
High	Stars	Question Marks
Low	Cash Cows	Dogs

(Market Growth Rate)

2.5 Fazit

Zusammenfassend lässt sich nach den vorangegangenen strategischen Analysen für die Fitnesskette sagen, dass die Überlegungen zur Implementierung einer Fitness-App für das Unternehmen durchaus als lukrativ gelten.

Der Markt ist durchaus attraktiv für das technikaffine gegebene Zielklientel im jüngeren Alter und die Digitalisierung begünstigt dies ebenso.

Vor dem Hintergrund dessen, dass auf dem Fitness-App-Markt jedoch viele Anbieter und dementsprechend eine hohe Anzahl von Konkurrenten existieren, scheint der Eintritt in diesen Markt, auch wenn er nicht mit hohen Kosten verbunden ist, als nicht so einfach.

Zudem birgt dies auch die Gefahr der Vernachlässigung der realen Betreuung und korrekten Durchführung der Übungen zur Verletzungsprophylaxe.

Dementsprechende Lösung zu der ursprünglichen Überlegung ist nun eine App in Kooperation mit einem bereits im Fitness-App-Markt etablierten Unternehmen anzubieten.

Zunächst werden Kurse in der Anlage abgehalten, die das Handling der App und die korrekte Trainingsdurchführung im Rahmen des Betreuungssystems erläutern.

Daraufhin steht die App für die Mitglieder als Ergänzung zu ihrem eigentlichen Trainingsplan und Zeitersparnis im Alltag, wenn sie damit daheim trainieren möchten.

Ein professioneller Ansprechpartner also Trainer aus dem Studio steht ihnen hierbei immer bei Fragen zur Seite und kann auch direkt zu einem Personal Training über die App gebucht werden, um den Mehrwert dessen für die Mitglieder aufzuzeigen und dadurch Gewinn zu generieren.

3 Corporate Identity, Digitalisierung und integrierte Kommunikation

3.1 Analyse eines Best-Practice-Beispiels

3.1.1 Corporate Identity

Unter „Corporate Identity" versteht man die planmäßige Ausrichtung und das Verhalten eines Unternehmens in Hinblick auf die eigens gewählte Außendarstellung sowie die innere Strukturierung. Die Teilbereiche dessen sind Corporate Behaviour, Corporate Design, Corporate Communication, Corporate Philosophy, Corporate Language und Corporate Culture.

Vier Gründe zu einer neuen Ausrichtung der Corporate Identity wären:
- das Image des Unternehmens ist nicht mehr zeitgemäß
- Erschließung von neuen Marktgebieten
- Anpassung an geopolitische Veränderungen
- Beseitigung von negativem Markenimage

Am Beispiel von „FRoSTA"s Unternehmensgeschichte sind einige Umstrukturierungen erkennbar. Diese sind zum einen die mehrfache Neugestaltung des Markenlogos, welche unter den Aspekt des Corporate Design fällt. Dieses spiegelt das visuelle Erscheinungsbild des Unternehmens wider.

Des Weiteren wurde 2003 eine neue Devise eingeführt, die auf die Nachhaltigkeit der Produkte abzielt. Dieser Aspekt wird in das Segment der Corporate Philosophy, also den Werten des Unternehmens, kategorisiert.

In den Bereich des Corporate Behaviour gehört der 2005 publizierte und durch Beiträge von Mitarbeitern geführte Blog, welcher die Transparenz von „FRoSTA" verdeutlichen soll. Das Behaviour steht für das Verhalten der Öffentlichkeit, den Kunden und Angestellten gegenüber.

3.1.2 Digitalisierung und integrierte Kommunikation

Integrierte Kommunikation drückt die Übereinstimmung aller Prozesse von Kommunikation auf einem Markt aus, der notwendig ist um einen durch die Kommunikation entstandenen einheitlichen Eindruck hervorzurufen. Alle Quellen der Kommunikation sollen darauf abzielen.

„FRoSTA" hat in seiner Unternehmensgeschichte alle Prozesse auf die integrierte Kommunikation hin ausgerichtet. Im Laufe der Jahre wurden die Produkte hinsichtlich Reinheit und Frische der Zutaten überarbeitet und so eine neue Devise geschaffen, die die Nachhaltigkeit der Produktion des Unternehmens widerspiegeln soll. Somit wurde alles darauf ausgerichtet, wofür „FRoSTA" stehen will.

Im Jahr 2011 hat das gesamte Unternehmen auf Grünstrom und MSC zertifizierten Fisch umgestellt und im folgenden Jahr alle Verpackungen nachhaltig modifiziert.

Betrachtet man dies nun in Hinblick auf die Digitalisierung stellen sich dem Unternehmen zusätzliche Herausforderungen.

Durch die Eröffnung von zahlreichen weiteren Publikationsformen, wie zum Beispiel eine Homepage oder Social Media Kanäle, die als Werbemittel zur Verfügung stehen, eröffnen sich dem Unternehmen somit auch zahlreiche neue Kommunikationswege.

Es wird die Möglichkeit geschaffen direkt auf Kritik einzugehen und öffentliche Entwicklungen in Echtzeit für sich nutzbar zu machen. Ebenso steht das Unternehmen mit den Konsumente im direkten Austausch und kann so auf jegliche Äußerungen eingehen.

Sollte „FRoSTA" seine digitale Kommunikationsstrategie insofern verändern, dass zwei verschiedene Images kreiert werden, birgt dies neben den sich eröffnenden Chancen auch gewisse Risiken.

Mit solch einem Vorhaben richtet sich das Unternehmen an zwei große Zielgruppen mit jedoch zwei unterschiedlichen Ausrichtungen. Dies hat zur Folge, dass zwar mehr Menschen in der Gesamtheit angesprochen werden können und dadurch mehr Umsatz generiert wird, es jedoch die Gefahr besteht, dass „FRoSTA" unglaubwürdig wirkt.

Des Weiteren sind die Corporate Identity und die integrierte Kommunikation nicht gegeben, was zur Folge hat, dass das bis dahin erarbeitete und etablierte Image darunter leidet.

3.2 Kommunikationsstrategie

Die Idee des Chefs den Kunden möglichst viele Informationen durch klare Fakten darzulegen, verfolgt einen guten Ansatz.

Durch eine Überarbeitung der Corporate Identity mit allen zugehörigen Teilgebieten, wird das Unternehmen sich stabilisieren können und die hohe Qualität der Produkte verdeutlichen. Ein Wandel und die Publikation des zu erreichenden Images von „SUPPmart" bringen der Firma neue Kunden und mehr Reichweite.

Auch die Veröffentlichung dessen auf Online Plattformen, bringt viel Aufmerksamkeit und kann als zusätzliche Werbung genutzt werden.

Durch die Methodik des Storytellings entsteht die Möglichkeit den Konsumenten die Nachhaltigkeit und gesunde Ernährung mit Hilfe der Supplemente näher zu bringen. Das Storytelling erläutert die klaren Fakten in einer Geschichte, welche im Kopf verankert bleibt. Dies hat zur Folge, dass das Unternehmen sich durch die Auslösung relevanter Gefühle an die emotionale Seite der Menschen richtet und positiv im Gedächtnis bleibt. Durch diese Methodik des strukturierten Erzählens wird ihm mehr Aufmerksamkeit zuteil.

4 Marktfeldstrategie

In der Produkt-Markt-Matrix nach Ansoff werden der Markt und die dort zu vertreibenden Produkte in einer 2x2-Matrix dargestellt. Die daraus resultierenden Konstellationen weisen verschiedene Strategien zur Umsatzoptimierung auf. Dabei werden jeweils die aktuellen und neuen Produkte und Märkte gegenübergestellt, was der folgenden Abbildung zu entnehmen ist.

Abbildung 2: Produkt-Markt-Matrix nach Ansoff

	Produkte	
neu (Märkte)	Marktentwicklungsstrategie (aktuelle Produkte auf neuen Märkten)	Diversifikationsstrategie (neue Produkte auf neuen Märkten)
aktuell (Märkte)	Marktdurchdringungsstrategie (aktuelle Produkte auf aktuellen Märkten)	Produktentwicklungsstrategie (neue Produkte auf aktuellen Märkten)
	aktuell	neu

Die Marktentwicklungsstrategie beschreibt die Etablierung eines bereits bestehenden Produktes auf einem neuen Markt.

Wenn ein neues Produkt auf einem neuen Markt eingeführt wird, versteht man dies als Diversifikationsstrategie.

Der Vertrieb eines bestehenden Produktes auf aktuellen Märkten, wird als Marktdurchdringungsstrategie betitelt.

Den letzten Punkt, nämlich die Einführung eines neuen Produktes auf bereits erschlosse-
nen Märkten, versteht man unter Produktentwicklungsstrategie.

Betrachtet man dies nun unter dem Aspekt, dass „SUPPmart" expandieren möchte, lässt
sich zu jeder Strategie ein Expansionsbeispiel anführen.

Um das vollständige Potential eines aktuellen Produktes auf dem bestehenden Markt aus-
schöpfen zu können, müssen jedwede marketingtechnischen Anstrengungen, zum Beispiel mehr Werbung, intensiviert werden.

Die Marktentwicklungsstrategie sieht vor durch das Erschließen eines neuen Marktes wie
vergleichsweise eines neuen Absatzweges, Einzelhändler oder Supermärkte, eine Um-
satzsteigerung zu generieren. Dementsprechend werden Produkte des Onlinehandels auch
im lokalen Einzelhandel angeboten. Dies kann sowohl in derselben als auch in fremden
Regionen durchgeführt werden.

Das Produktentwicklungssegment sieht vor, dass „SUPPmart" neben seinen bestehenden
Produkten (z.B. Wheypulver) ein neues Supplement wie Kreatin in seine angebotene Pro-
duktpalette aufnimmt.

Der Ansatz mit dem höchsten Risiko stellt die Diversifikationsstrategie, mit dem Einbrin-
gen eines neuen Produktes auf den Markt, dar. So könnte das Unternehmen zum Beispiel
Fitnessaccessoires in lokalen Sportgeschäften anbieten.

5 Literaturverzeichnis

Schawel C., Billing F. (2012): *Top 100 Management Tools.* Wiesbaden: Gabler Verlag

Starting-Up.de (2019): *Die Produkt-Markt-Matrix nach Ansoff.* Zugriff am 22.01.2020. Verfügbar unter https://www.starting-up.de/wachsen/strategien/produkt-markt-matrix-nach-ansoff.html

Wikipedia.org (2004): *BCG-Portfolio.* Zugriff am 19.01.2020. Verfügbar unter https://en.wikipedia.org/wiki/Boston_Consulting_Group#/media/File:Growthshare-matrix.png

6 Abbildungs- und Tabellenverzeichnis

6.1 Abbildungsverzeichnis

6.2 Tabellenverzeichnis